D1529713

Ma première encyclopédie

NOTRE MONDE

Felicity Brooks

Illustrations : David Hancock

Maquette : Susannah Owen

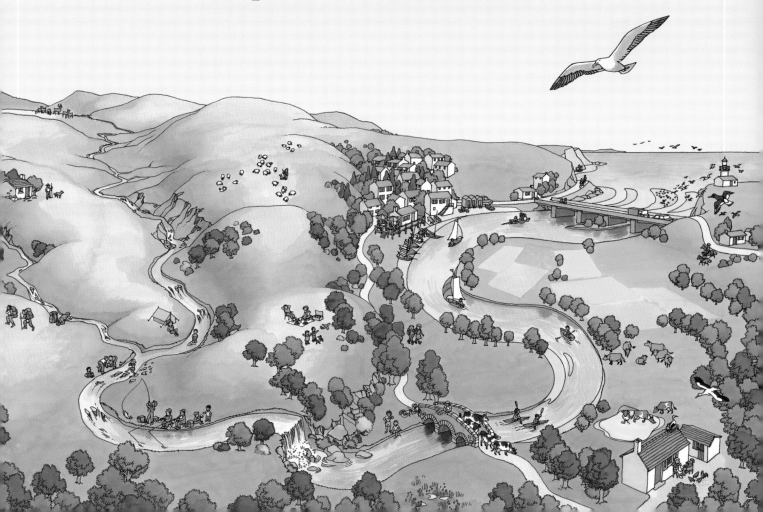

Expert-conseil en géographie : John Davidson

Maquettiste en chef : Mary Cartwright

Mise au point de la maquette : Rachel Wells

Graphisme informatique : Michèle Busby et Nicola Butler

Recherche iconographique : Ruth King

Rédaction : Kamini Khanduri

avec la collaboration de Rosie Heywood

Pour l'édition française :

Traduction : Muriel de Grey

Rédaction : Renée Chaspoul et Jill Phythian

Sommaire

Notre planète

Notre planète s'appelle la Terre. Nous ne connaissons pas d'autre planète qui abrite des plantes, des animaux et des êtres humains. Sur la Terre, il y a de nombreux pays. Comment s'appelle le tien ?

Cette maison...   est dans une ville...   dans un pays...   sur la planète Terre.

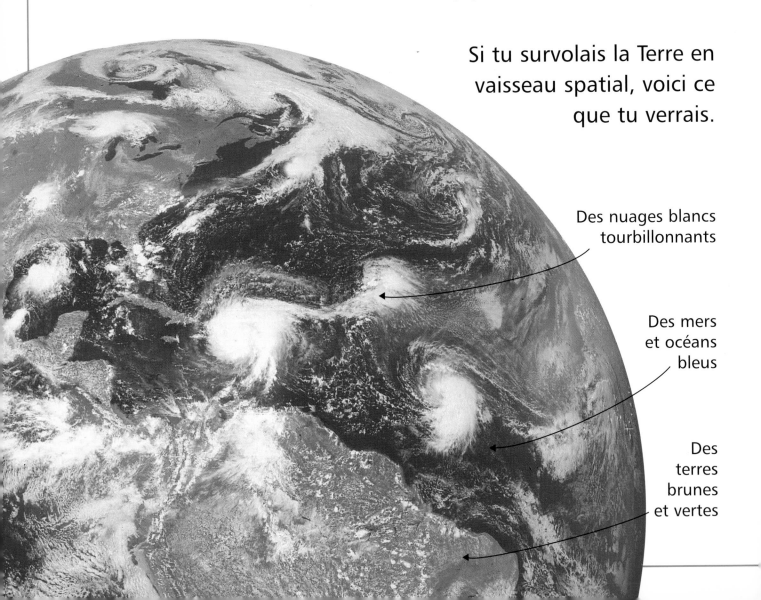

Si tu survolais la Terre en vaisseau spatial, voici ce que tu verrais.

Des nuages blancs tourbillonnants

Des mers et océans bleus

Des terres brunes et vertes

L'atmosphère

La Terre est protégée par
une couche de gaz appelée
l'atmosphère. De la surface de
la Terre, cette couche fait plus
de 900 km d'épaisseur. Le ciel
que tu vois en fait partie.

La Terre

L'atmosphère

L'atmosphère empêche que
tu aies froid la nuit.

Dans la journée, elle te protège de
la chaleur et de la lumière du Soleil.

À l'intérieur de la Terre

La Terre se compose de roche et
de métal. Si on pouvait la couper
en deux, on verrait différentes
couches à l'intérieur.

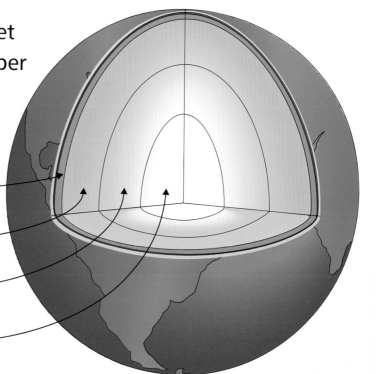

D'abord, il y a de la roche solide...

puis de la roche chaude et
visqueuse en mouvement...

puis du métal mou très chaud.

Au milieu, il y a du métal solide.

Dans l'espace

Il est difficile d'imaginer la taille de l'espace, avec ses milliards d'étoiles, de planètes et de lunes. Certaines sont si lointaines qu'il faudrait des millions d'années pour les atteindre.

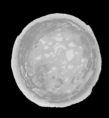

Les étoiles sont d'immenses boules de gaz chaud.

Les planètes tournent autour des étoiles.

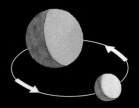

Les lunes tournent autour des planètes.

Le système solaire

Notre partie de l'espace se compose de neuf planètes qui tournent autour d'une étoile appelée le Soleil. L'ensemble forme le système solaire.

La trajectoire d'une planète s'appelle son orbite.

Mercure est la plus proche du Soleil.

La Terre est notre planète.

Le Soleil envoie de la lumière et de la chaleur aux planètes proches de lui.

Vénus est très chaude et très lumineuse.

L'observation de l'espace

En observant l'espace, la nuit, on voit la Lune, de nombreuses étoiles et quelques planètes.

Les étoiles semblent minuscules car elles sont très éloignées. Avec un télescope, on voit beaucoup mieux.

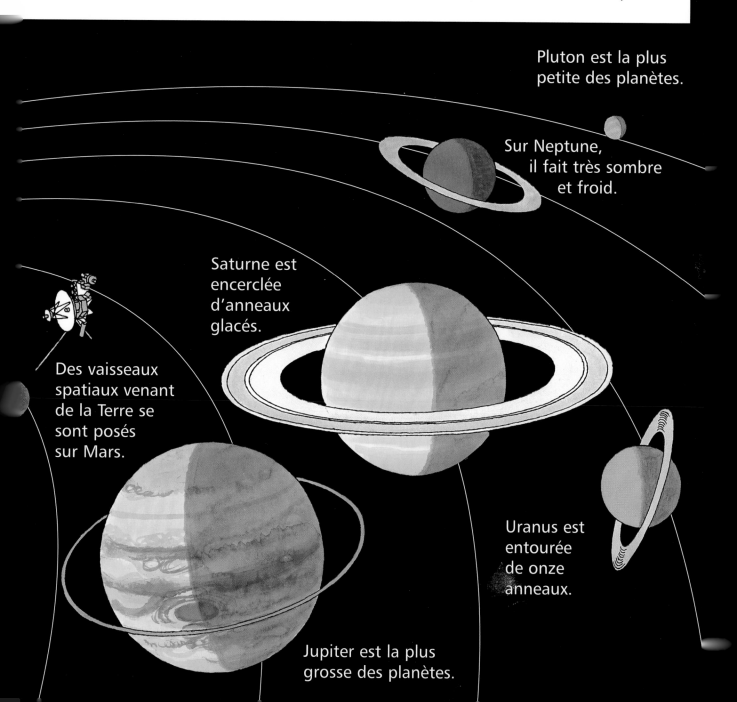

Pluton est la plus petite des planètes.

Sur Neptune, il fait très sombre et froid.

Saturne est encerclée d'anneaux glacés.

Des vaisseaux spatiaux venant de la Terre se sont posés sur Mars.

Uranus est entourée de onze anneaux.

Jupiter est la plus grosse des planètes.

Sur la Lune

Il n'y a pas d'air sur la Lune, et elle est inhabitée. Des astronautes y sont allés six fois. Il leur a fallu trois jours en vaisseau spatial pour y arriver.

Casque

Visière en plastique

Antenne de radio

Réservoirs d'air permettant à l'astronaute de respirer.

Boîtier de contrôle

Poche pour les roches

Cet astronaute ramasse des roches pour les rapporter sur la Terre.

Il n'y a ni vent ni pluie pour effacer les empreintes de pas. Combien en vois-tu ?

Ceux qui explorent l'espace s'appellent des astronautes. Pour survivre à l'extérieur de leur vaisseau spatial, ils doivent porter une combinaison spatiale.

Départ pour la Lune

Les astronautes sont allés sur la Lune en fusée. Ils étaient à l'intérieur de la capsule spatiale, tout en haut.

Cinq moteurs lancent la fusée.

Capsule spatiale

Les moteurs du 2e étage se mettent en marche.

Le 1er étage est largué quand il a épuisé son carburant.

Le 2e étage est largué.

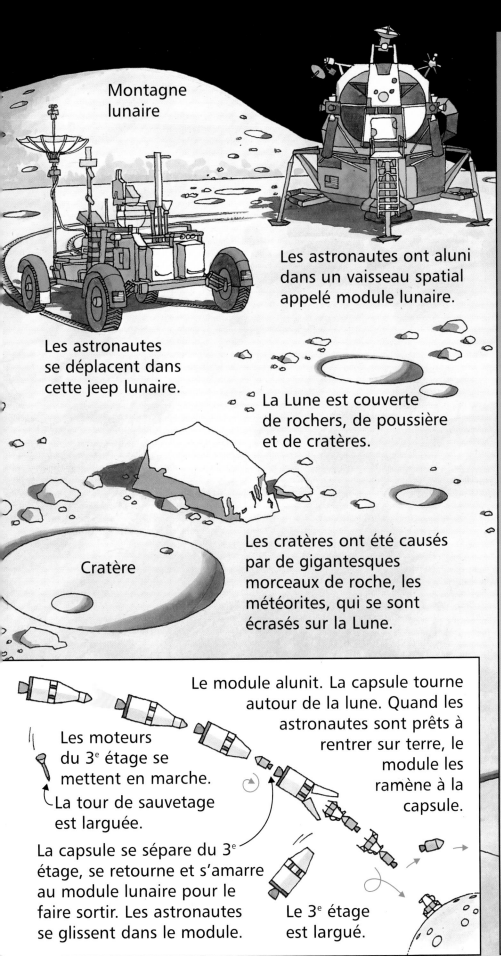

Montagne lunaire

Les astronautes ont aluni dans un vaisseau spatial appelé module lunaire.

Les astronautes se déplacent dans cette jeep lunaire.

La Lune est couverte de rochers, de poussière et de cratères.

Cratère

Les cratères ont été causés par de gigantesques morceaux de roche, les météorites, qui se sont écrasés sur la Lune.

Les moteurs du 3ᵉ étage se mettent en marche. La tour de sauvetage est larguée.

La capsule se sépare du 3ᵉ étage, se retourne et s'amarre au module lunaire pour le faire sortir. Les astronautes se glissent dans le module.

Le module alunit. La capsule tourne autour de la lune. Quand les astronautes sont prêts à rentrer sur terre, le module les ramène à la capsule.

Le 3ᵉ étage est largué.

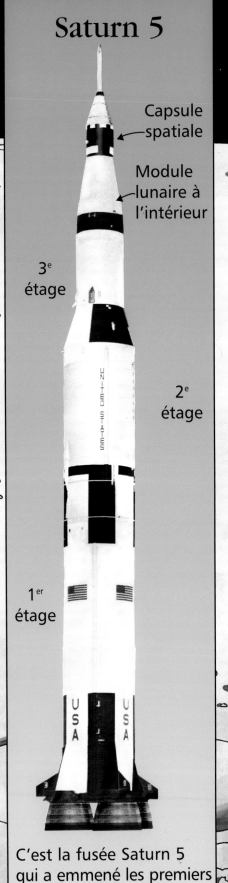

Saturn 5

Capsule spatiale

Module lunaire à l'intérieur

3ᵉ étage

2ᵉ étage

1ᵉʳ étage

C'est la fusée Saturn 5 qui a emmené les premiers hommes sur la Lune.

La Terre vue de l'espace

Satellite Landsat

Des vaisseaux spatiaux, appelés satellites, et des stations spatiales ont été installés dans l'espace. Ils prennent des photos de la Terre qui nous aident à mieux la connaître.

Photos de satellites

Les satellites tournent autour de la Terre. Il n'y a personne dedans, mais ils recueillent des informations. Les scientifiques reçoivent ainsi quantité d'images dont ils se servent pour connaître la température de la Terre ou prévoir le temps.

Cette photo de satellite représente un ouragan (une forte tempête) sur le point de frapper les États-Unis.

Celle-ci représente la ville de Washington, aux États-Unis. Le Potomac, une rivière, est en bleu.

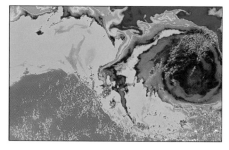

Celle-ci représente les variations de température de la mer. La partie la plus chaude est en rouge.

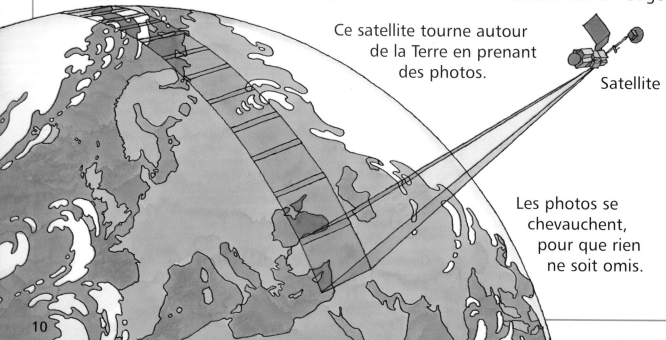

Ce satellite tourne autour de la Terre en prenant des photos.

Satellite

Les photos se chevauchent, pour que rien ne soit omis.

Les stations spatiales

Une station spatiale tourne autour de la Terre à environ 400 km. Des gens y vivent et y travaillent. Ils prennent des photos de la Terre et des autres planètes et étoiles.

Jusqu'à six astronautes peuvent vivre dans cette station spatiale. Combien en vois-tu ici ?

Ces grandes ailes sont des panneaux solaires. Ils transforment la lumière du soleil en électricité.

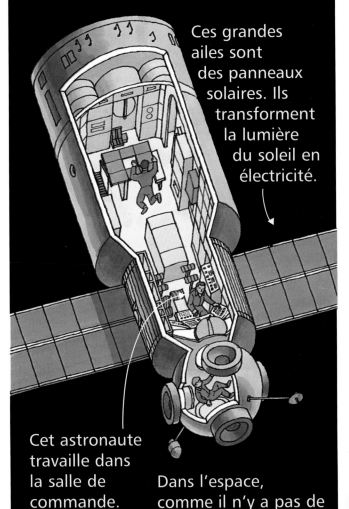

Cet astronaute travaille dans la salle de commande.

Dans l'espace, comme il n'y a pas de pesanteur, on flotte.

La navette spatiale

C'est une sorte d'avion capable de se déplacer dans l'espace. Elle est lancée comme une fusée et redescend en planant au bout de quelques semaines.

Réservoir de carburant

Fusée de lancement

En décollant, la navette a un réservoir de carburant et deux fusées de lancement. Ils sont largués peu de temps après.

Navette

Moteurs principaux

La navette emmène les astronautes aux stations spatiales et installe les satellites dans l'espace. Elle transporte jusqu'à sept personnes.

11

Le jour et la nuit

Quand il fait jour pour toi, il fait nuit pour ceux qui habitent de l'autre côté de la planète. Quand il fait jour pour eux, à toi de dormir.

La lumière du Soleil n'atteint pas ce côté de la Terre. Il y fait nuit.

Le Soleil envoie sa lumière sur ce côté de la Terre. Il y fait jour.

Coucher et lever du soleil

Le Soleil se lève le matin quand le côté de la Terre où tu te trouves se tourne vers lui.

Il se couche le soir quand le côté de la Terre où tu te trouves se tourne dans la direction opposée.

La Terre tourne

Le jour et la nuit se succèdent car la Terre tourne sur elle-même. En tournant, elle présente des faces différentes au Soleil.

Ce côté de la Terre fait face au Soleil : il fait jour aux États-Unis.

Quelques heures plus tard, les États-Unis se sont éloignés du Soleil : il y fait nuit.

La Terre tourne sans cesse.

Au bout de 24 heures, elle a fait un tour complet : il fait de nouveau jour aux États-Unis.

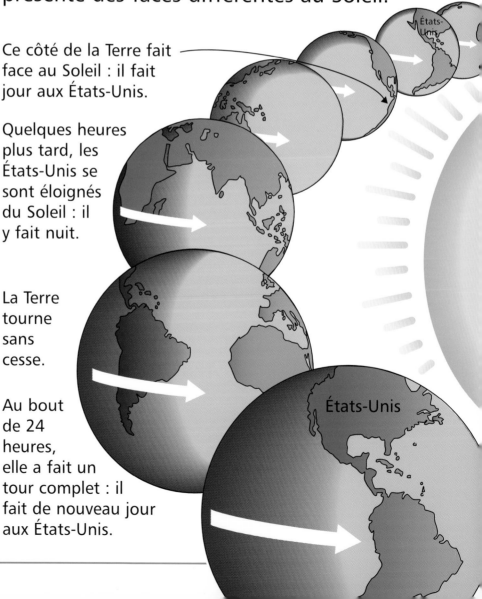

Caché par la Lune

Il ne fait nuit dans la journée que quand la Lune cache le Soleil, lors d'une éclipse totale du Soleil. Les éclipses totales sont rares et ne durent que quelques minutes.

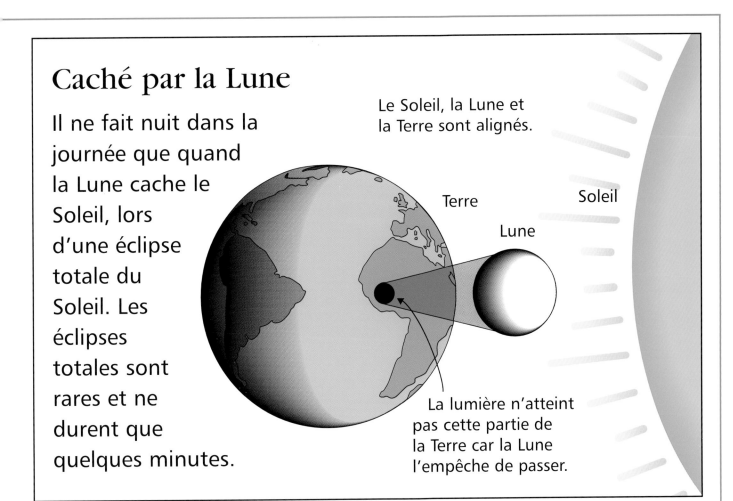

Le Soleil, la Lune et la Terre sont alignés.

Terre

Soleil

Lune

La lumière n'atteint pas cette partie de la Terre car la Lune l'empêche de passer.

Des ombres

Quand il fait du soleil, ton corps empêche sa lumière d'atteindre le sol. C'est ce qui produit ton ombre.

Les ombres s'étendent dans la direction opposée du Soleil.

Jour de nuages

Même quand le temps est couvert, le Soleil éclaire la Terre. On ne le voit pas car il est caché par les nuages.

Les saisons

Le printemps, l'été, l'automne et l'hiver sont les quatre saisons. Le temps change selon les saisons, à cause de la manière dont la Terre se déplace autour du Soleil.

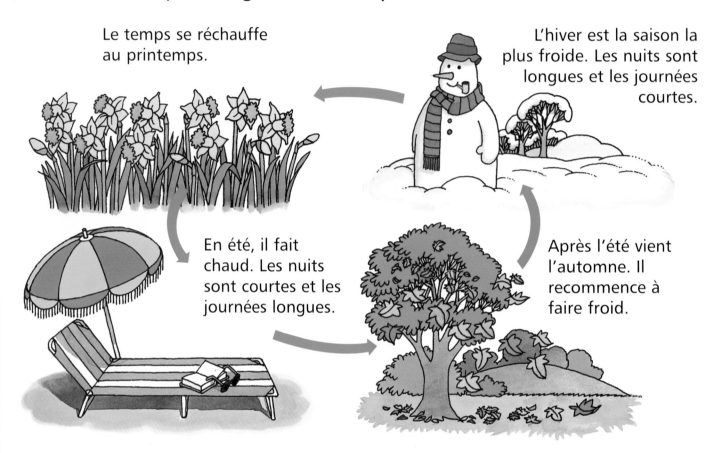

Le temps se réchauffe au printemps.

L'hiver est la saison la plus froide. Les nuits sont longues et les journées courtes.

En été, il fait chaud. Les nuits sont courtes et les journées longues.

Après l'été vient l'automne. Il recommence à faire froid.

Vocabulaire

Voici quelques mots qui t'aideront à mieux comprendre les saisons.

Les pôles sont en haut et en bas de la Terre.

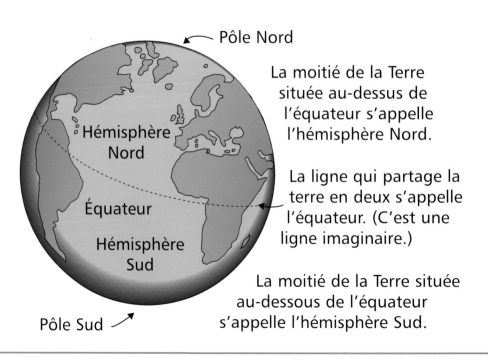

Pôle Nord

Hémisphère Nord

Équateur

Hémisphère Sud

Pôle Sud

La moitié de la Terre située au-dessus de l'équateur s'appelle l'hémisphère Nord.

La ligne qui partage la terre en deux s'appelle l'équateur. (C'est une ligne imaginaire.)

La moitié de la Terre située au-dessous de l'équateur s'appelle l'hémisphère Sud.

Pourquoi y a-t-il des saisons ?

Lorsqu'elle tourne autour du Soleil, la Terre n'est pas verticale. Elle est légèrement inclinée. Aussi, durant l'année, c'est d'abord une moitié, puis l'autre qui est plus proche du Soleil et reçoit plus de lumière. C'est ce qui fait changer les saisons.

En mars, aucun des hémisphères n'est incliné vers le Soleil. Printemps dans le Nord et automne dans le Sud.

En décembre et en janvier, l'hémisphère Sud est incliné vers le Soleil : c'est l'été.

En décembre, c'est l'hiver dans l'hémisphère Nord, car cette moitié est inclinée dans la direction opposée au Soleil.

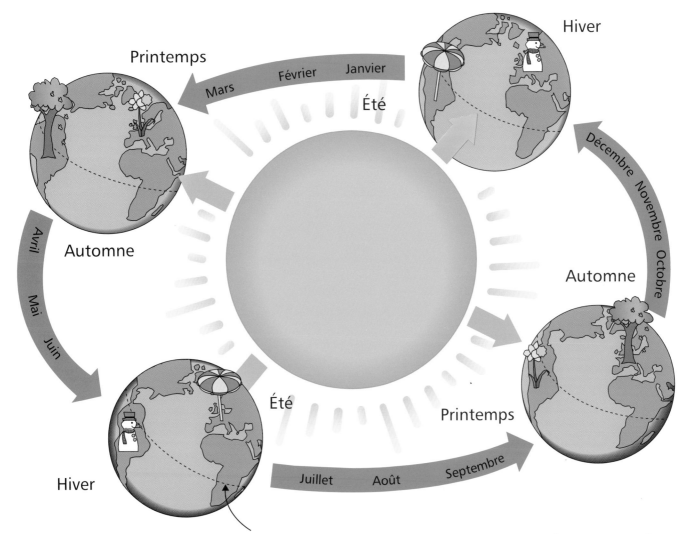

Printemps

Mars Février Janvier

Été

Hiver

Automne

Avril Mai Juin

Décembre Novembre Octobre

Automne

Hiver

Été

Printemps

Juillet Août Septembre

En juin, hiver dans le Sud, car cette moitié est inclinée dans la direction opposée au Soleil, et été dans le Nord.

L'équateur reçoit à peu près la même quantité de lumière toute l'année, et les saisons y changent très peu.

En septembre, aucun des hémisphères n'est incliné vers le Soleil. Printemps dans le Sud, automne dans le Nord.

Le temps

Le temps varie beaucoup. On peut avoir du soleil, du vent, de la pluie ou de la neige.

Les trois principaux éléments à l'origine du temps sont le Soleil, l'air et l'eau.

Le Soleil envoie sa chaleur sur la Terre.

En se déplaçant, l'air fait le vent.

L'eau donne la neige, la pluie et les nuages.

La même pluie

L'eau de la Terre ne se renouvelle jamais. C'est toujours la même pluie qui tombe et retombe. Suis les numéros pour voir ce qui se passe.

3 Ces gouttes grossissent et, en se regroupant, forment des nuages.

2 De minuscules gouttes d'eau invisibles s'élèvent dans l'air.

4 Quand les gouttes sont trop lourdes, elles retombent sous forme de pluie.

1 Le Soleil réchauffe l'eau des rivières et des mers.

5 Les rivières les ramènent dans la mer.

La neige

Quand il fait très froid, les gouttes de pluie se transforment en flocons de neige, formés de petits cristaux de glace.

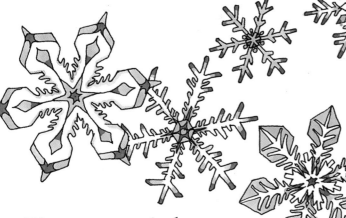

Les flocons de neige sont tous différents, mais ils ont tous six pointes.

L'arc-en-ciel

Après la pluie, quand la lumière du soleil traverse les gouttes d'eau minuscules en suspension dans l'air, on voit un arc-en-ciel. La lumière du soleil se sépare en...

rouge
orange
jaune
vert
bleu
indigo
violet

Les nuages

Les nuages indiquent quel temps il fera.

Les petits nuages blancs et moutonneux annoncent le beau temps en été.

Les nuages étirés, situés haut dans le ciel, présagent parfois le vent et la pluie.

Les grands nuages sombres et floconneux annoncent parfois un orage.

Tempêtes et tornades

Lors d'une grosse tempête, le vent souffle très fort. Il y a en général beaucoup de pluie ou de neige et parfois aussi du tonnerre et des éclairs. Cette illustration représente une ville au bord de la mer par très gros temps.

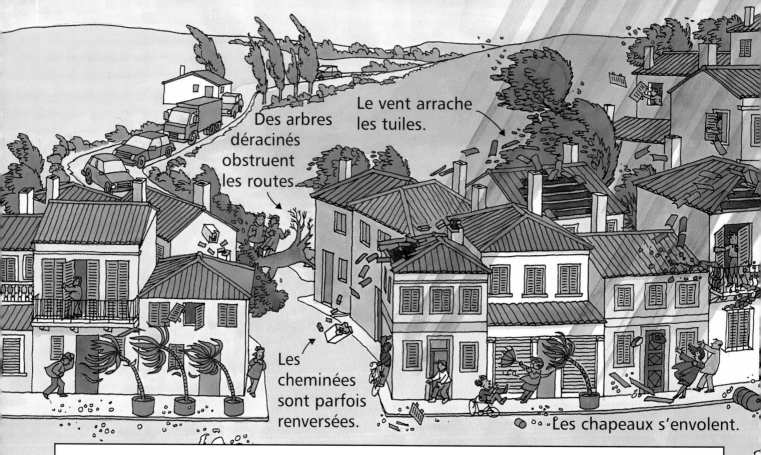

Des arbres déracinés obstruent les routes.

Le vent arrache les tuiles.

Les cheminées sont parfois renversées.

Les chapeaux s'envolent.

Encore des tempêtes

Une tornade est un entonnoir tourbillonnant de vent. Elle se déplace en aspirant tout sur son passage.

Les éclairs sont de grosses étincelles d'électricité. Le tonnerre est le bruit produit par l'étincelle.

Un ouragan, énorme tempête accompagnée de beaucoup de pluie et de vent, peut détruire villes et forêts.

Les arbres ploient et se balancent. Des branches se cassent.

Il est difficile d'avancer contre le vent. Impossible d'utiliser un parapluie.

Les vagues s'écrasent avec violence sur la jetée.

Les objets emportés par le vent cassent les vitres.

Des galets sont projetés sur la terre ferme.

Combien de bâtiments cette tempête a-t-elle endommagés ?

Les vents violents provoquent d'énormes vagues.

Les bateaux sont secoués par les vagues.

19

Roches et fossiles

Il existe de nombreux types de roches. Certaines se forment sous l'effet de la chaleur, à l'intérieur de la Terre. D'autres sont composées de sable, de boue et de débris de plantes et d'animaux emportés dans les rivières et les mers.

Couches rocheuses

On appelle sédiments le sable, la boue et les débris de plantes et d'animaux qui s'enfoncent dans la mer et se déposent sur le fond.

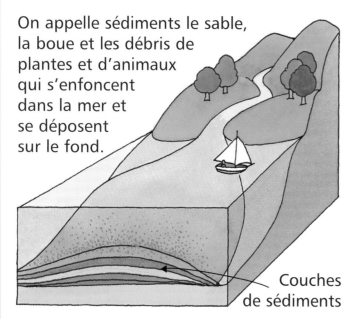

Couches de sédiments

Les couches de sédiments s'accumulent lentement. Au bout de plusieurs millions d'années, les couches inférieures finissent par être compressées, s'agrègent et forment ainsi des roches sédimentaires.

Roches en feu

Parfois, de la roche brûlante et visqueuse remonte de l'intérieur de la Terre et perce la surface.

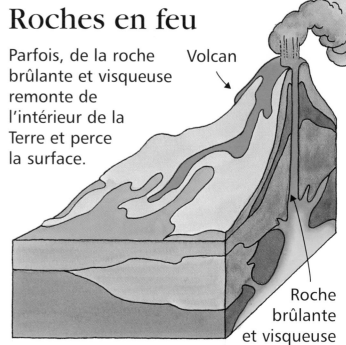

Volcan

Roche brûlante et visqueuse

Cette roche brûlante et visqueuse sort d'un volcan. En refroidissant, elle durcit. Ce type de roche s'appelle une roche ignée, ce qui veut dire « produite par le feu ».

Le Grand Canyon, aux États-Unis, dans l'Arizona, est creusé dans des couches de roche sédimentaire.

Les fossiles

Ce sont les restes, transformés en pierre, d'animaux morts il y a des millions d'années. On les trouve dans les roches sédimentaires.

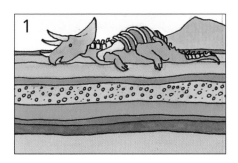

Lorsqu'un animal meurt, les parties molles de son corps pourrissent, mais le squelette subsiste. S'il se trouve à un endroit boueux, il s'enfonce et se recouvre de sédiments.

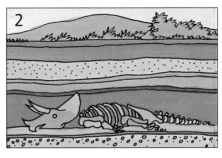

En l'espace de millions d'années, les couches de sédiments durcissent et forment de la roche. Cette roche préserve la forme des os de l'animal.

Des millions d'années plus tard, on retrouve parfois des os ou des coquilles fossiles à l'intérieur de roches. Il faut les dégager avec soin.

Fossile d'un animal marin appelé ammonite

Fossile de trilobite

Fossile d'oursin plat, un animal qui vivait au fond de la mer.

C'est le Colorado, une rivière, qui a creusé le Grand Canyon. Il a commencé à user la roche il y a des millions d'années.

Les tremblements de terre

Ils se produisent lorsque d'énormes roches glissent et se pressent les unes contre les autres sous la terre. Les tremblements de terre aussi forts que celui-ci sont rares.

Il y a beaucoup de fumée, due aux incendies.

Les maisons s'effondrent.

Les conduites d'électricité et de gaz se rompent et provoquent des incendies.

Les arbres sont déracinés.

Que se passe-t-il dans les maisons ?

Tremblement de terre faible : les objets suspendus se balancent.

S'il est plus fort, les objets se renversent.

S'il est encore plus fort, les murs se fissurent.

S'il est très fort, la maison s'effondre.

Les bâtiments spécialement conçus restent debout.

Les lignes de chemin de fer sont endommagées.

La terre s'ouvre.

Les voitures quittent la route.

Les gens s'enfuient pour se protéger.

Les lignes téléphoniques sont renversées.

En sécurité

Dans les pays où les tremblements de terre sont fréquents, on apprend à se protéger. À l'école, on donne des cours sur la sécurité en cas de tremblement de terre.

À l'intérieur, il vaut mieux s'abriter sous une table.

Dehors, il faut rejoindre un grand espace découvert.

Les volcans

Quand un volcan entre en éruption, de la roche brûlante et visqueuse provenant de l'intérieur de la Terre perce la surface. Cette roche, la lave, se déverse sur les flancs du volcan et aux alentours.

D'énormes nuages de cendre et de gaz s'élèvent dans l'air.

Des « bombes » de roche sont projetées dans le ciel. Certaines ont la taille d'un autobus.

La lave détruit tout sur son passage.

Rivière de lave incandescente

Les volcans marins

Il y a des volcans sous la mer. Lorsqu'ils sont assez hauts pour apparaître au-dessus des vagues, ils forment des îles.

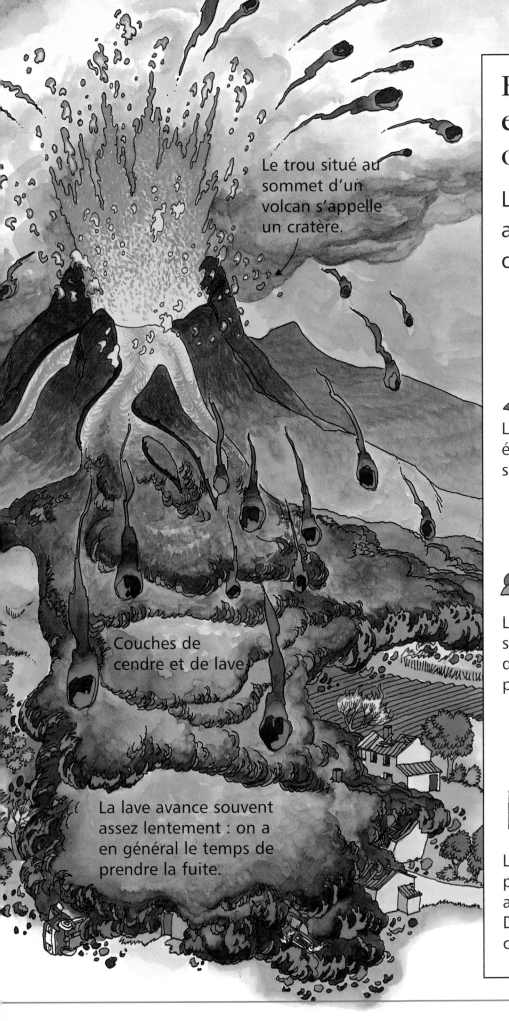

Le trou situé au sommet d'un volcan s'appelle un cratère.

Couches de cendre et de lave

La lave avance souvent assez lentement : on a en général le temps de prendre la fuite.

En activité, en sommeil ou éteint ?

Les volcans sont en activité, en sommeil ou éteints.

Les volcans dont les éruptions sont fréquentes sont dits en activité.

Les volcans en sommeil ne sont pas entrés en éruption depuis longtemps, mais pourraient encore le faire.

Les volcans éteints n'ont pas eu d'éruption depuis au moins 100 000 ans. Des villes sont parfois construites dessus.

Sur les traces d'une rivière

Une rivière prend sa source dans une montagne ou colline. Son eau, qui vient de la pluie ou de la neige fondue, dévale les pentes jusqu'à la mer. Suis cette rivière pour voir comment elle change.

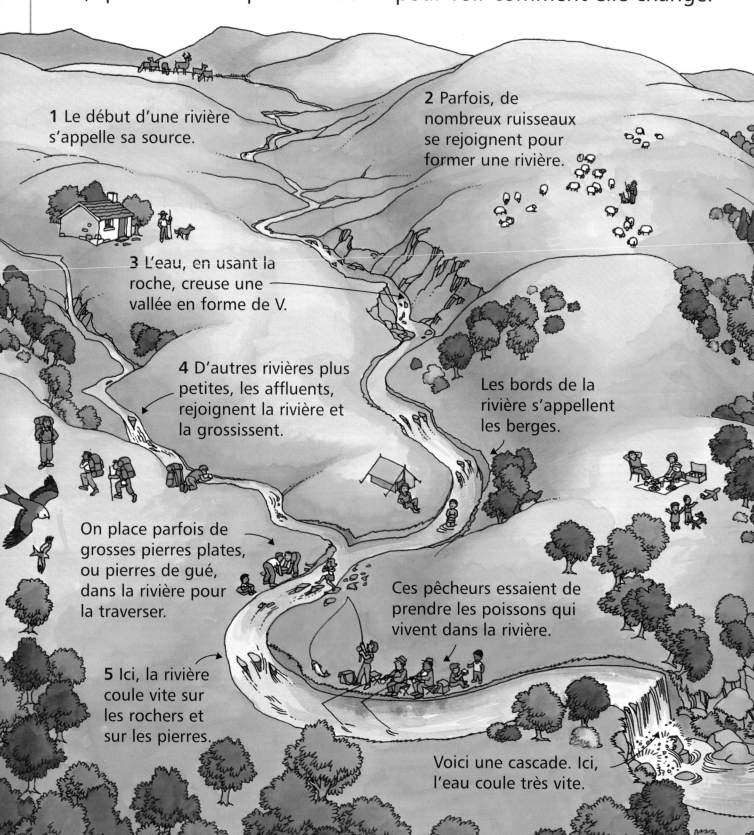

1 Le début d'une rivière s'appelle sa source.

2 Parfois, de nombreux ruisseaux se rejoignent pour former une rivière.

3 L'eau, en usant la roche, creuse une vallée en forme de V.

4 D'autres rivières plus petites, les affluents, rejoignent la rivière et la grossissent.

Les bords de la rivière s'appellent les berges.

On place parfois de grosses pierres plates, ou pierres de gué, dans la rivière pour la traverser.

Ces pêcheurs essaient de prendre les poissons qui vivent dans la rivière.

5 Ici, la rivière coule vite sur les rochers et sur les pierres.

Voici une cascade. Ici, l'eau coule très vite.

Les cascades

Les cascades se forment lorsque le lit de la rivière passe de roches dures à des roches tendres. L'eau use la roche tendre plus vite que la roche dure et creuse une sorte de grosse marche.

10 L'endroit où la rivière se jette dans la mer s'appelle l'embouchure.

Des oiseaux se nourrissent des animaux qui vivent dans le sable.

Banc de sable

8 La rivière transporte boue et sable vers la mer en grosse quantité.

9 La rivière dépose la majeure partie de son sable et de sa boue quand elle arrive à la mer.

6 Ici, la rivière commence à former de grandes boucles, les méandres.

7 Ici, la rivière est plus profonde et plus large.

On peut traverser une rivière sur un pont.

Les inondations

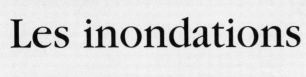

On appelle inondation l'eau qui envahit des terrains en général à sec. Cela se produit parfois à la suite de pluies abondantes ou prolongées. Les rivières débordent et se répandent sur la terre.

Sauvetage en bateau

Quand l'eau monte, les animaux et les gens se réfugient sur les toits.

Autres causes d'inondations

Les crues subites sont une montée soudaine des eaux. Elles ont lieu quand il pleut abondamment à un endroit.

Des vagues gigantesques, dues à des tempêtes ou à des volcans ou tremblements de terre sous-marins.

La fonte des neiges et des glaces. Comme le sol est encore gelé, l'eau ne peut pas s'infiltrer.

Il y a trop de pluie pour que l'eau puisse s'infiltrer. Elle reste en surface.

Ces gens essaient de protéger leur maison. Ils font un mur à l'aide de sacs de sable.

La mousson

La mousson est un vent. En Asie, elle souffle dans un sens tout l'été et dans l'autre tout l'hiver. L'été, elle apporte des pluies abondantes de l'océan.

Les pluies de la mousson inondent souvent villes et maisons, mais la vie continue malgré tout !

Les cultivateurs ont besoin des pluies de la mousson pour les récoltes. Ainsi, le riz pousse bien en sol humide.

Dans les montagnes

Plus on monte haut en montagne, plus il fait froid. Certains sommets sont couverts de neige toute l'année.

Aigle

Le sommet d'une montagne s'appelle la cime.

L'endroit où finit la neige s'appelle la limite des neiges.

Un col est un passage entre deux montagnes.

Au-delà d'une certaine hauteur, il n'y a plus d'arbres car il fait trop froid pour eux : c'est la limite des arbres.

Au-dessous de la neige, il y a des pentes rocheuses.

Les bouquetins escaladent les pentes raides et sautent de rocher en rocher.

Lac de montagne

Les vaches paissent l'herbe en été.

Combien de bouquetins y a-t-il ?

Ces randonneurs se reposent.

Les sapins ont des aiguilles au lieu de feuilles.

Sports d'hiver

L'hiver, les montagnes sont couvertes de neige. Il fait très froid, mais c'est idéal pour les sports d'hiver.

Cet hélicoptère va au secours des blessés en montagne.

Des téléphériques transportent les skieurs en haut des pentes.

On appelle chaîne de montagnes une série de sommets alignés.

Les skieurs sont transportés au sommet de la piste par télésiège.

Les skieurs descendent les pistes.

Patinage sur un lac gelé

Avalanche !

Les avalanches sont d'énormes plaques de neige qui descendent les pentes d'une montagne.

Elles s'écrasent en bas de la pente, renversant même les voitures et recouvrant tout sur leur passage.

Les chiens d'avalanche reniflent la neige. Ils repèrent les personnes ensevelies et aident à les dégager.

Le littoral

Le littoral est l'endroit où la mer et la terre se rencontrent. Sur la plupart des littoraux, la mer monte et descend sur la plage : c'est la marée. À marée basse, la plage est à sec. À marée haute, elle est sous l'eau.

Falaise

Les vagues se brisent contre les falaises et les érodent lentement.

Les canots de sauvetage vont au secours des personnes en danger. Vois-tu ce qui est arrivé à celles-ci ?

Quand le vent souffle sur la mer, il fait des vagues. Elles grossissent et viennent s'écraser à terre.

Le sable est composé de petits morceaux de roche dure et de coquillages.

Caps, fissures, grottes et évents...

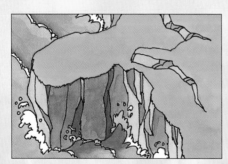

Ce cap est en roche dure. La mer ne parvient pas à l'user aussi vite que les autres roches.

En se brisant sur le cap, les vagues ont creusé cette grosse fissure. Elle s'élargira pour devenir une grotte.

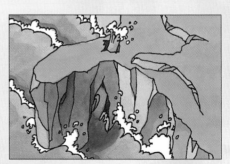

Les vagues ont percé le haut de la grotte, créant un évent. L'eau en jaillit à marée haute.

32

La nuit, ce phare indique les falaises et rochers dangereux aux navires.

Ces gros rochers sont tombés de la falaise.

Les galets sont des cailloux que la mer a polis.

Quand la mer se retire, elle laisse des mares dans les rochers. De nombreux animaux marins y vivent.

Algues

...arches, hauts rochers et écueils

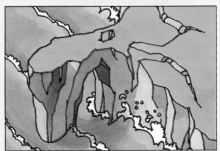

Si la mer creuse une grotte de chaque côté d'un cap, celles-ci se rejoignent parfois pour former une arche.

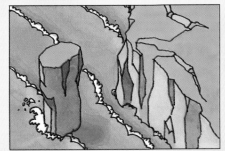

La mer continue son travail d'érosion et l'arche finit par s'effondrer. Seul reste un rocher en forme de pilier.

Au bout de plusieurs années, il ne reste qu'un écueil. Le reste a été érodé par les vagues.

Mers et océans

Les mers et les océans couvrent près des trois quarts de la Terre. Il y a cinq océans et une multitude de zones d'eau salée plus petites, les mers, les baies et les golfes.

L'océan Pacifique couvre près d'un tiers de la Terre. Voici à quoi il ressemble vu de l'espace.

Océan Pacifique

Cette carte du monde représente les océans.

Tous les océans communiquent.

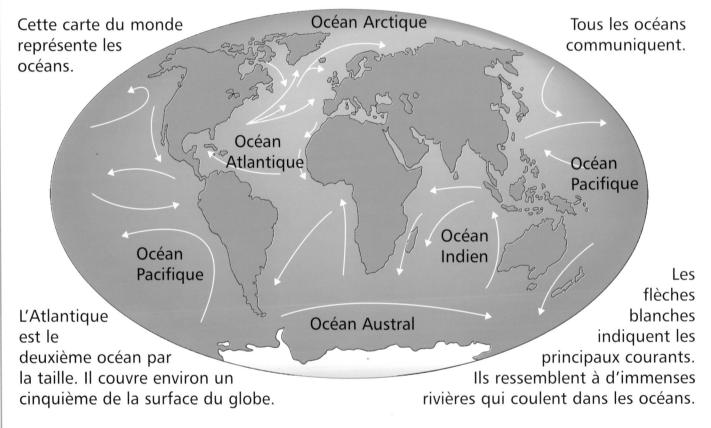

Océan Arctique

Océan Atlantique

Océan Pacifique

Océan Indien

Océan Pacifique

Océan Austral

L'Atlantique est le deuxième océan par la taille. Il couvre environ un cinquième de la surface du globe.

Les flèches blanches indiquent les principaux courants. Ils ressemblent à d'immenses rivières qui coulent dans les océans.

À la pêche

On pêche le poisson dans la mer de plusieurs manières ; ici, avec une canne à pêche.

Ce bateau traîne un filet pour pêcher les poissons qui vivent près du fond marin.

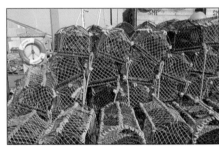

Ces paniers sont utilisés pour pêcher le crabe, sous la surface de l'eau.

Explorer l'océan

Il y a beaucoup à voir au fond de la mer. On peut l'explorer dans un petit sous-marin ou en faisant de la plongée.

Vois-tu un trésor de pirates et une vieille ancre ?

La plupart des animaux et des plantes vivent près de la surface, là où il y a de la lumière et de la chaleur.

Plongeurs équipés de réservoirs d'air pour pouvoir respirer.

Thons

Dauphins

Épave

Requin

Phoque

Baleine à bosse

Harengs

Pieuvre

Tortue verte

Cachalot

Il fait noir et très froid dans les grandes profondeurs. Quelques animaux vivent là.

Calmar géant

Baudroie

Eurypharinx

Voici un submersible. Il permet jusqu'à trois personnes de descendre au fond de la mer.

Poisson-trépied

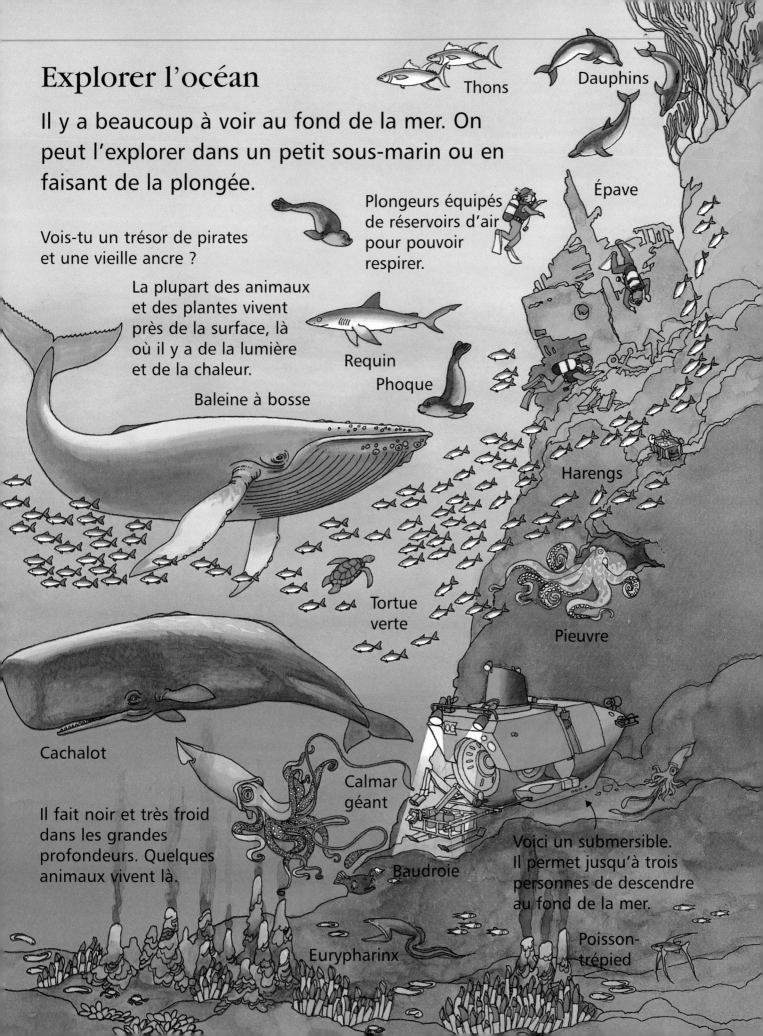

Sous la mer

Au fond de la mer, comme sur la terre, il y a des plaines, des montagnes, des volcans et des vallées.

Voici la plate-forme continentale. L'eau y est peu profonde.

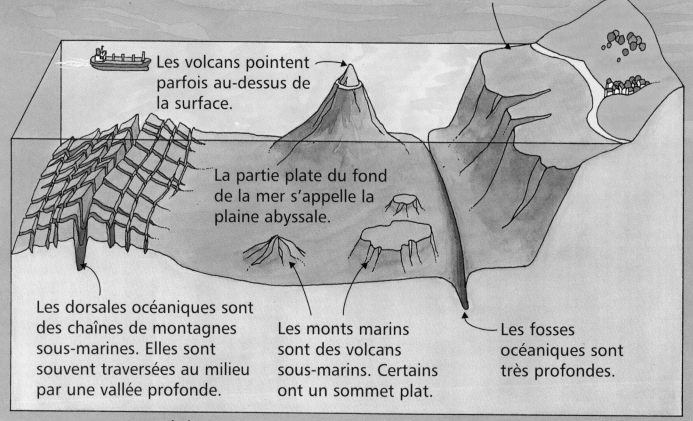

Les volcans pointent parfois au-dessus de la surface.

La partie plate du fond de la mer s'appelle la plaine abyssale.

Les dorsales océaniques sont des chaînes de montagnes sous-marines. Elles sont souvent traversées au milieu par une vallée profonde.

Les monts marins sont des volcans sous-marins. Certains ont un sommet plat.

Les fosses océaniques sont très profondes.

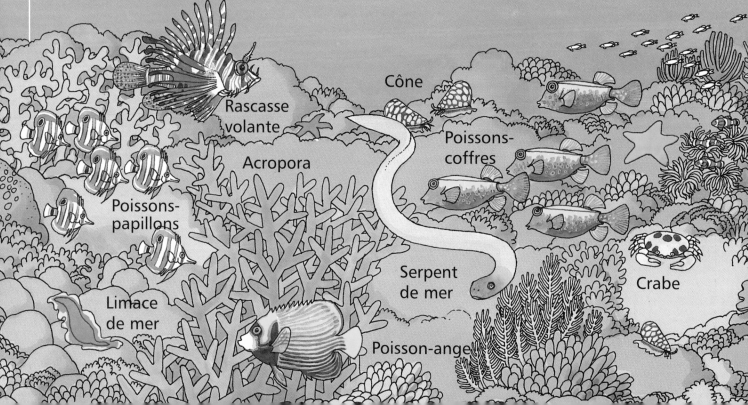

Rascasse volante

Cône

Poissons-coffres

Acropora

Poissons-papillons

Limace de mer

Serpent de mer

Poisson-ange

Crabe

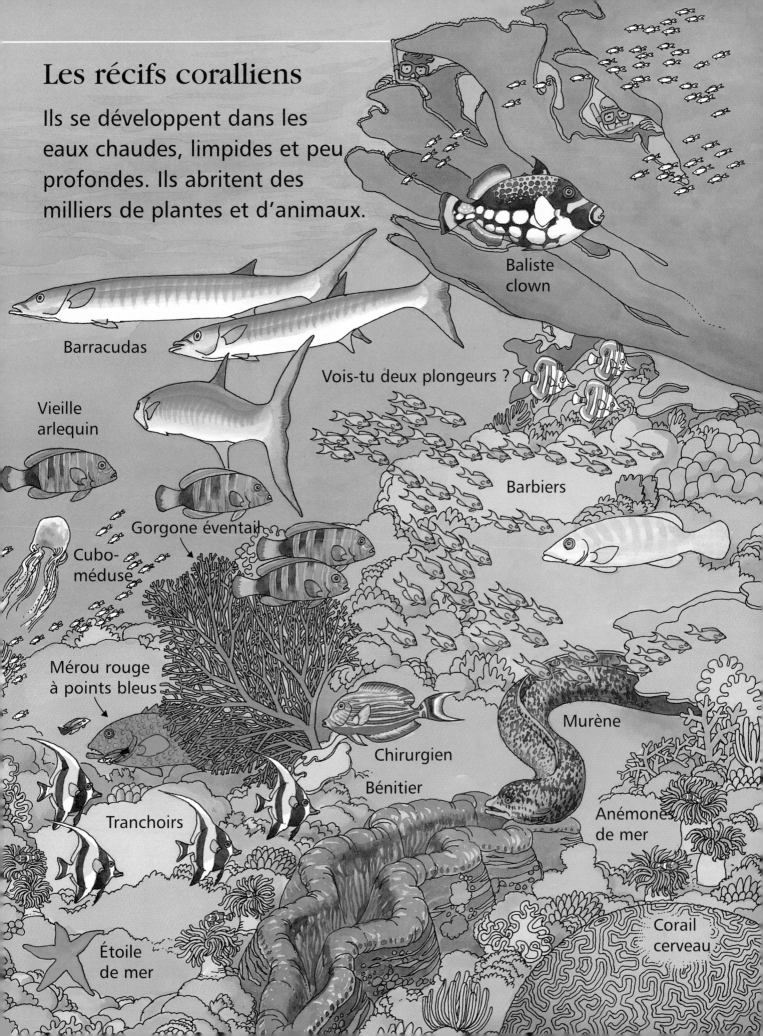

Les récifs coralliens

Ils se développent dans les eaux chaudes, limpides et peu profondes. Ils abritent des milliers de plantes et d'animaux.

Baliste clown

Barracudas

Vieille arlequin

Vois-tu deux plongeurs ?

Barbiers

Gorgone éventail

Cubo-méduse

Mérou rouge à points bleus

Murène

Chirurgien

Bénitier

Anémones de mer

Tranchoirs

Étoile de mer

Corail cerveau

Sous terre

Sous tes pieds, se trouve un univers invisible. Si tu réussissais à regarder sous terre, voici ce que tu verrais.

Les taupes creusent des tunnels. Elles font des taupinières quand elles montent à la surface.

La terre située sur la surface s'appelle la couche arable.

Les lapins vivent dans des terriers.

Les racines empêchent les arbres de tomber. Dans la terre, elles aspirent l'eau et les autres choses dont l'arbre a besoin pour pousser.

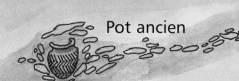

Pot ancien

Dans le sol sont parfois enfouis des objets qui appartenaient à des gens il y a très longtemps.

Sous la couche épaisse de terre, il y a de la roche solide.

Petites bestioles

Une foule de petits animaux vivent dans la couche arable. En voici quelques-uns.

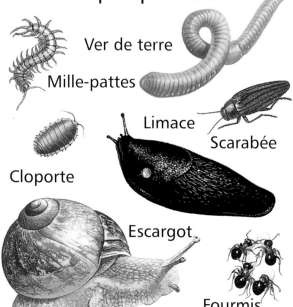

Ver de terre

Mille-pattes

Limace

Scarabée

Cloporte

Escargot

Fourmis

38

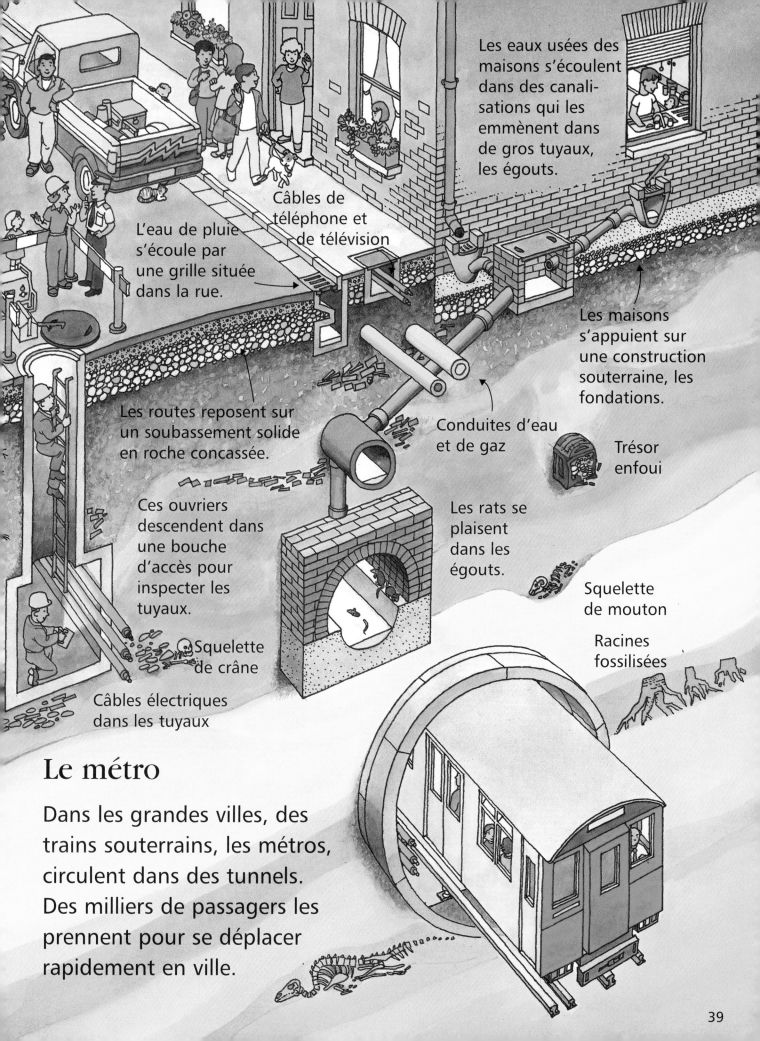

Les eaux usées des maisons s'écoulent dans des canalisations qui les emmènent dans de gros tuyaux, les égouts.

Câbles de téléphone et de télévision

L'eau de pluie s'écoule par une grille située dans la rue.

Les maisons s'appuient sur une construction souterraine, les fondations.

Les routes reposent sur un soubassement solide en roche concassée.

Conduites d'eau et de gaz

Trésor enfoui

Ces ouvriers descendent dans une bouche d'accès pour inspecter les tuyaux.

Les rats se plaisent dans les égouts.

Squelette de mouton

Racines fossilisées

Squelette de crâne

Câbles électriques dans les tuyaux

Le métro

Dans les grandes villes, des trains souterrains, les métros, circulent dans des tunnels. Des milliers de passagers les prennent pour se déplacer rapidement en ville.

Grottes et cavernes

Une grotte ou caverne ressemble un peu à une pièce souterraine, aux murs creusés dans la roche.

Certaines grottes sont proches de la surface, d'autres très profondes.

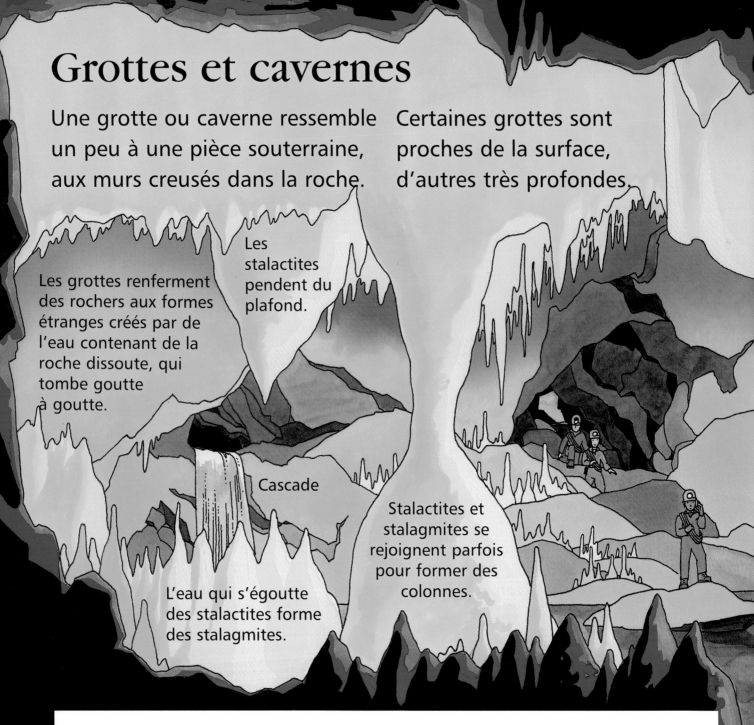

Les grottes renferment des rochers aux formes étranges créés par de l'eau contenant de la roche dissoute, qui tombe goutte à goutte.

Les stalactites pendent du plafond.

Cascade

L'eau qui s'égoutte des stalactites forme des stalagmites.

Stalactites et stalagmites se rejoignent parfois pour former des colonnes.

Formation des cavernes

Quand il pleut, l'eau s'infiltre dans les fissures de la roche.

Très, très lentement, l'eau dissout la roche et finit par l'éroder.

Quand le niveau de l'eau baisse, il reste des cavernes et des passages vides.

Les spéléologues

Les spéléologues explorent les cavernes par plaisir ou pour les étudier. Ils ont des vêtements et un équipement spéciaux.

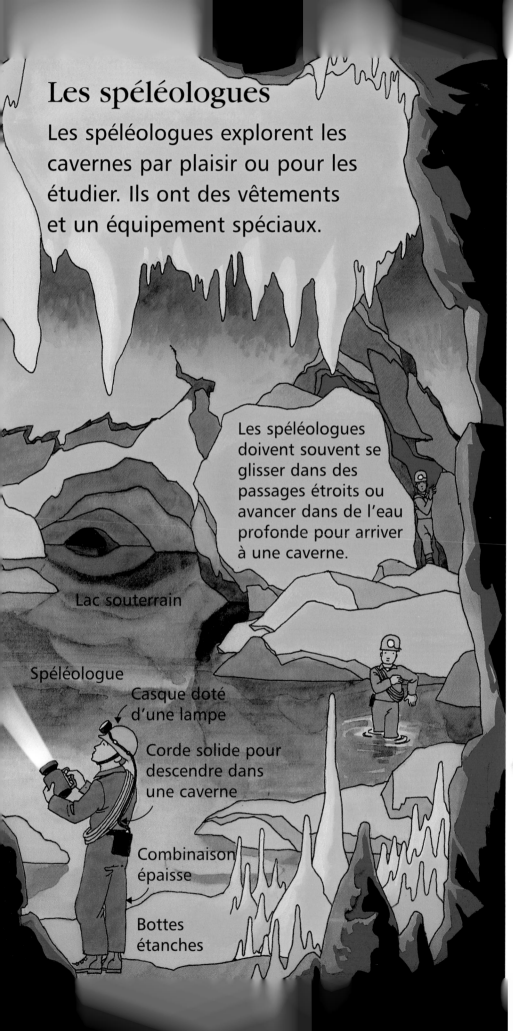

Les spéléologues doivent souvent se glisser dans des passages étroits ou avancer dans de l'eau profonde pour arriver à une caverne.

Lac souterrain

Spéléologue

Casque doté d'une lampe

Corde solide pour descendre dans une caverne

Combinaison épaisse

Bottes étanches

Occupants des cavernes

Les ours bruns et les ours noirs dorment tout l'hiver dans des cavernes.

Rhinolophe

De nombreuses espèces de chauves-souris passent l'hiver dans une caverne. Elles s'envolent au printemps.

Peinture de bison

Il y a longtemps, les hommes vivaient dans des cavernes. Ils en ont décoré les parois.

Les déserts

Les déserts sont les endroits les plus secs du monde. Parfois, ils restent sans pluie pendant des années. Dans la plupart des déserts, il fait très chaud le jour, mais frais la nuit.

Sahara

AFRIQUE

Les déserts recouvrent un quart de notre planète. Le plus grand est le Sahara, en Afrique du Nord.

Les maisons ont des toits en terrasse et de petites fenêtres pour protéger du soleil.

Palmiers

Les oasis sont des endroits où il y a de l'eau et donc des plantes.

Un dromadaire peut se passer d'eau pendant une semaine.

Euphorbe

Combien d'antilopes vois-tu ?

La plupart des déserts sont rocheux et dénudés. Seulement certaines parties sont sableuses.

Ganga

Les gerboises se déplacent en sautant comme des kangourous miniatures.

Plantes du désert

Les plantes du désert ont souvent de longues racines et des tiges qui absorbent l'eau.

Avant la pluie

Après la pluie

L'échinocactus se gonfle d'eau quand il pleut.

Le cierge géant vit jusqu'à plusieurs centaines d'années.

Quand le vent souffle, le sable s'accumule et forme des collines, les dunes.

Faucon lanier

Les habitants du désert vivent en communautés qui se déplacent de lieu en lieu. Ils élèvent chèvres, moutons et dromadaires.

Le fennec est un renard dont les grandes oreilles l'aident à éliminer la chaleur.

Les échides carénées glissent en se tortillant en forme de S.

Les steppes herbeuses

Les steppes sont de vastes territoires couverts d'herbe. Des buissons et des arbres y poussent aussi parfois. Les steppes couvrent environ un quart de la surface terrestre. Cette illustration représente une zone de steppe africaine, la savane.

Le baobab emmagasine l'eau dans son tronc.

Autruches

Rhinocéros

Éléphants

Ces monticules sont construits par des milliers d'insectes, les termites.

Les babouins vivent rassemblés en troupes.

Les lions vivent aussi en troupes.

Les tisserins tissent des nids compliqués.

Acacia

Gnous

Hyènes

Les touristes viennent en camionnette et en car voir les animaux.

Touristes en montgolfière

Vautours

L'herbe sèche prend facilement feu. Elle repousse quand il pleut.

Girafes

De nombreux animaux viennent boire et se rafraîchir aux points d'eau.

Antilopes

Phacochères

Zèbres

Guépards

Prairies

Les steppes d'Amérique du Nord s'appellent la Prairie. Aujourd'hui, elle est en majeure partie cultivée.

Cette machine, une moissonneuse-batteuse, récolte le blé cultivé dans la Prairie, aux États-Unis.

Dans la forêt tropicale

De denses forêts verdoyantes poussent autour de l'équateur. Dans ces régions, il fait chaud toute l'année et il pleut presque tous les jours. Les forêts tropicales abritent des milliers de plantes et d'animaux différents.

Amazone

Amérique du Sud

La forêt tropicale la plus grande est la forêt amazonienne d'Amérique du Sud. Elle est traversée par un fleuve, l'Amazone.

Les arbres des forêts tropicales sont immenses.

Singes-araignées

Morpho

Lichen

Jaguar

Oiseau-mouche

Grenouille à poison

Orchidées

Plantes sur les arbres

Les plantes poussent souvent
sur les branches des arbres,
profitant de la lumière qui
manque à terre.

Fougères

Aras
macaos

Toucans

Singes
hurleurs

Tillandsie

Les lianes
ont des
tiges longues
comme des
cordes.

Les paresseux se
déplacent très
lentement.

Les cabiais
ressemblent à
de gros cobayes.

Caïman

Ces grosses
racines-
contreforts
soutiennent les
grands arbres.

Ibis rouges

Tatou
géant

L'anaconda
est un serpent
gigantesque.

Tortue
matamata

Feuilles de
victoria

Un monde de glace

Cet endroit glacé situé près du pôle Sud s'appelle l'Antarctique. C'est la région la plus froide de la planète. Elle est inhabitée, mais des gens y séjournent parfois. Il y a beaucoup de manchots. Combien en vois-tu ?

Scientifiques étudiant le climat

Iceberg à sommet plat

Iceberg pointu

Énormes falaises de glace

Touristes dans un canot pneumatique

Épaulard

Baleine à bosse

Phoques

Scientifiques observant les animaux sous l'eau

Poissons

Ce grand oiseau
s'appelle un albatros.

Petit avion
d'exploration

Des scientifiques
séjournent ici.

Touriste
prenant
des photos

Motoneige

Manchots
faisant des
glissades

Manchots
nageant

Qu'est-ce qu'un iceberg ?

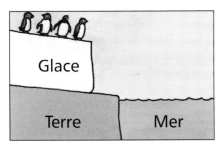

Glace

Terre | Mer

Une couche de glace glisse
en direction de la mer.

Lorsqu'elle atteint la mer,
la glace s'avance sur l'eau.

Iceberg

Un morceau de glace se
détache. C'est un iceberg.

Les glaciers

Les glaciers sont des sortes de rivières de glace qui descendent très lentement les pentes des montagnes. On les trouve en altitude, là où il fait toujours froid. Ils sont faits de neige tombée au sommet et transformée en glace.

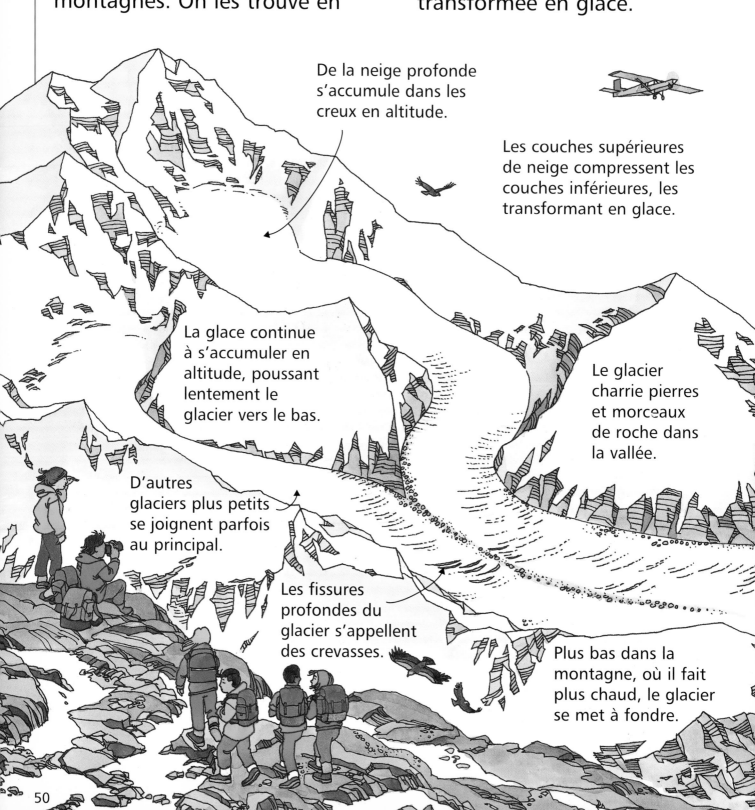

De la neige profonde s'accumule dans les creux en altitude.

Les couches supérieures de neige compressent les couches inférieures, les transformant en glace.

La glace continue à s'accumuler en altitude, poussant lentement le glacier vers le bas.

Le glacier charrie pierres et morceaux de roche dans la vallée.

D'autres glaciers plus petits se joignent parfois au principal.

Les fissures profondes du glacier s'appellent des crevasses.

Plus bas dans la montagne, où il fait plus chaud, le glacier se met à fondre.

Quand les glaciers fondent

Il y a longtemps, il y avait plus de glaciers qu'aujourd'hui. Voici à quoi ressemblent les vallées qu'ils ont creusées.

Crevasses

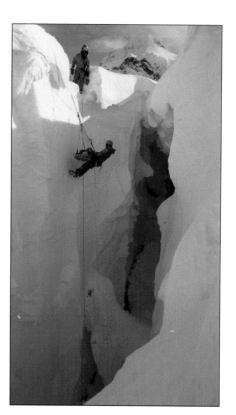

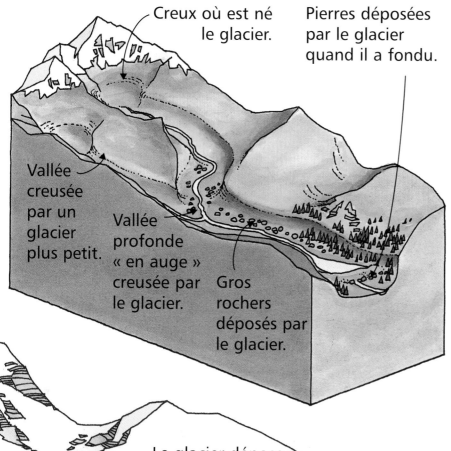

Creux où est né le glacier.

Pierres déposées par le glacier quand il a fondu.

Vallée creusée par un glacier plus petit.

Vallée profonde « en auge » creusée par le glacier.

Gros rochers déposés par le glacier.

Les crevasses de glaciers peuvent faire 60 m de profondeur. Les alpinistes s'encordent pour les explorer.

Le glacier dépose des pierres et des rochers en fondant.

L'avant du glacier s'appelle le front.

L'eau venant de la fonte d'un glacier forme des torrents.

Les grandes villes

Dans les grandes villes, vivent et travaillent beaucoup de gens. Il y a de nombreux bâtiments, et les rues sont animées et les habitants affairés. Voici certaines des choses que l'on peut y voir.

Bureaux

Appartements

École

Hôtel

Taxi

Musée

Véhicule de voirie

Ouvriers

Voiture de police

Hôpital

Usines

Gare

Autobus

Mosquée

Parc

Rivière

Rue commerçante

Laveurs de carreaux

Supermarché

Grandes villes du monde

À Venise, en Italie, des canaux remplacent les rues. Tout le monde se déplace en bateau.

À New York, aux États-Unis, il y a des bâtiments très hauts appelés gratte-ciel.

Jaipur, en Inde, a été baptisée la ville rose, à cause de ses nombreux bâtiments roses.

Terre utile

Nous dépendons de la Terre pour survivre. Elle nous donne aliments, air et eau, ainsi que matériaux de construction et de fabrication. Elle fournit aussi le carburant nécessaire à la cuisine, au chauffage et au fonctionnement des machines et des moteurs.

Le sable sert à faire le verre.

Recyclage

On peut trier boîtes de conserve, bouteilles et papier usagés pour les transformer en d'autres objets : c'est le recyclage. Cela permet de diminuer la quantité de déchets.

Nous mangeons beaucoup de plantes. D'autres, tel le coton, servent à fabriquer tissu et vêtements, ou sont transformées en médicaments.

Le pétrole et le gaz naturel viennent de sous la terre ou du fond de la mer. On les extrait à partir de plates-formes de forage.

Bouteilles en verre jetées dans un conteneur spécial

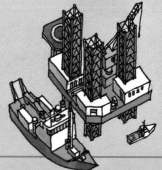

Le pétrole et le gaz sont utilisés pour produire de l'énergie. Le pétrole sert aussi à fabriquer le plastique, la peinture ou la colle.

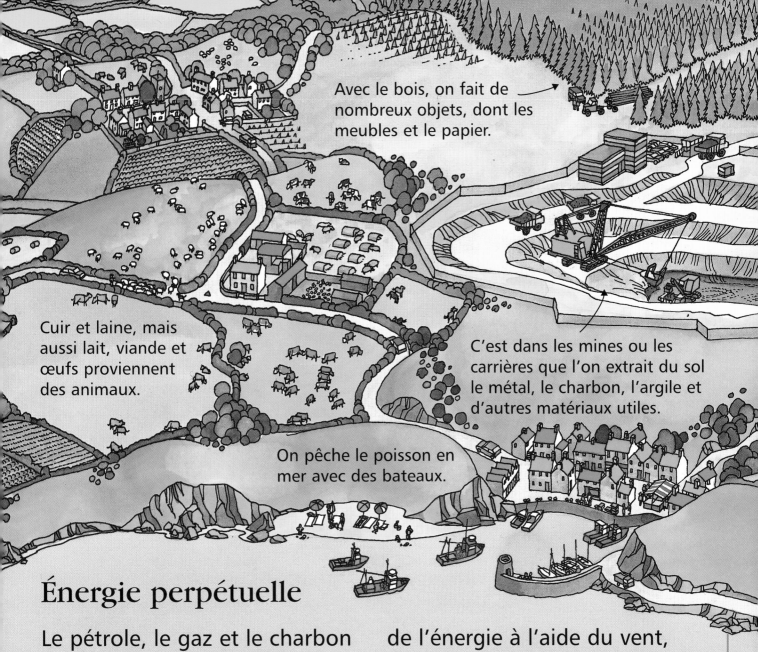

Avec le bois, on fait de nombreux objets, dont les meubles et le papier.

Cuir et laine, mais aussi lait, viande et œufs proviennent des animaux.

C'est dans les mines ou les carrières que l'on extrait du sol le métal, le charbon, l'argile et d'autres matériaux utiles.

On pêche le poisson en mer avec des bateaux.

Énergie perpétuelle

Le pétrole, le gaz et le charbon seront peut-être un jour épuisés. On peut aussi produire de l'énergie à l'aide du vent, de l'eau ou de la lumière du soleil, qui sont inépuisables.

Éoliennes : moulins à vent géants qui produisent de l'électricité à partir du vent.

Panneaux solaires : ils absorbent la chaleur du soleil pour chauffer l'eau.

Eau qui coule : fait tourner des machines (turbines) qui produisent de l'électricité.

Le réseau de la vie

Êtres humains, animaux et plantes dépendent d'autres êtres vivants pour leur survie. Les êtres humains et les animaux se nourrissent de plantes. Certains se nourrissent également d'autres animaux. On représente ces liens à l'aide d'une chaîne alimentaire.

L'herbe pousse dans le sol.   Les lièvres mangent l'herbe.   Les renards mangent les lièvres.

Les réseaux alimentaires

Un réseau alimentaire regroupe plusieurs chaînes alimentaires. Il indique qui mange quoi. Voici une partie d'un réseau alimentaire arctique.

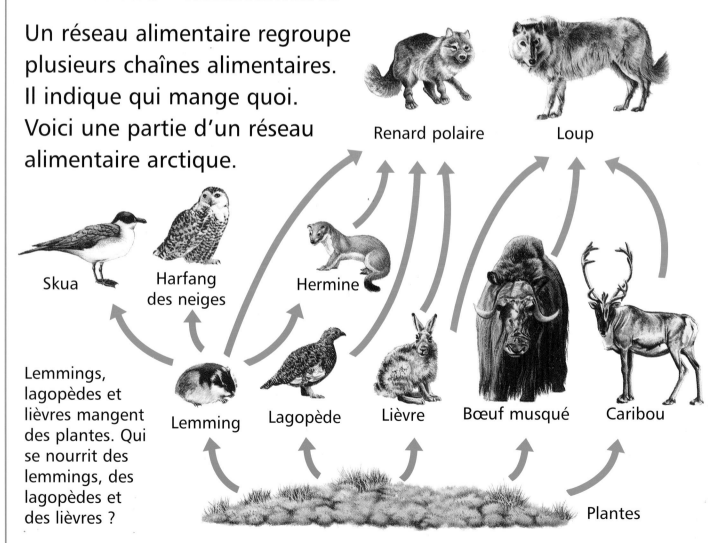

Renard polaire   Loup

Skua   Harfang des neiges   Hermine

Lemmings, lagopèdes et lièvres mangent des plantes. Qui se nourrit des lemmings, des lagopèdes et des lièvres ?

Lemming   Lagopède   Lièvre   Bœuf musqué   Caribou

Plantes

56

Bon ménage

Différents animaux mangeurs de plantes peuvent vivre au même endroit et avoir assez à manger s'ils se nourrissent de façons différentes. Voici comment certains animaux de la savane africaine se partagent les plantes.

Les éléphants étirent la trompe pour saisir feuilles et tiges ou pour arracher de l'herbe.

Les girafes profitent de leur long cou pour manger les feuilles et les tiges situées en haut des arbres.

Les girafes mâles étirent le cou pour manger.

Les girafes femelles mangent les feuilles proches de leur bouche.

Les gazelles-girafes se dressent sur les pattes arrière pour manger les feuilles en haut des buissons.

Les phacochères broutent l'herbe ou déterrent des racines.

Les rhinocéros noirs se nourrissent des feuilles de buissons situées au niveau de leur tête.

Les dik-diks mangent les feuilles les plus basses des buissons.

La planète en danger

Un grand nombre de nos activités mettent les animaux, les plantes et les êtres humains en danger.

La pollution

Ordures, fumée d'usines et de voitures, et pétrole qui se déverse des navires dans la mer sont des formes de pollution. Elle est nocive pour les hommes et animaux, et leur environnement.

La fumée et les exhalaisons des usines et des voitures polluent l'air.

Les produits chimiques des usines et des exploitations agricoles s'infiltrent dans l'eau et dans le sol.

Les ordures sont laides et peuvent être dangereuses.

Animaux en danger

Ces animaux sont tous en voie d'extinction. Il en reste seulement un très petit nombre parce que nous les avons tués à la chasse ou que nous avons détruit les endroits où ils vivent. Ils pourraient facilement disparaître entièrement.

Les tigres sont menacés car on les chassait autrefois pour leur peau.

L'abattage des forêts tropicales a décimé les tamarins à crinière dorée.

On tue les rhinocéros pour leurs cornes, bien que cela soit illégal.

Les poissons, les oiseaux et d'autres animaux ne peuvent pas vivre dans l'eau polluée.

En lieu sûr

Pour protéger les animaux menacés on peut les placer dans des zones protégées, où ils vivent en sécurité.

Les grizzlis vivent dans le parc national de Yellowstone, une zone protégée des États-Unis.

Carte du monde

Cette carte représente les mers et océans du globe, les six continents, les climats et les principales villes. Sais-tu où se trouve l'endroit où tu habites ?

Les climats

Le climat est le temps qu'il fait habituellement à un endroit. Les zones de différentes couleurs de cette carte indiquent ces différents climats :

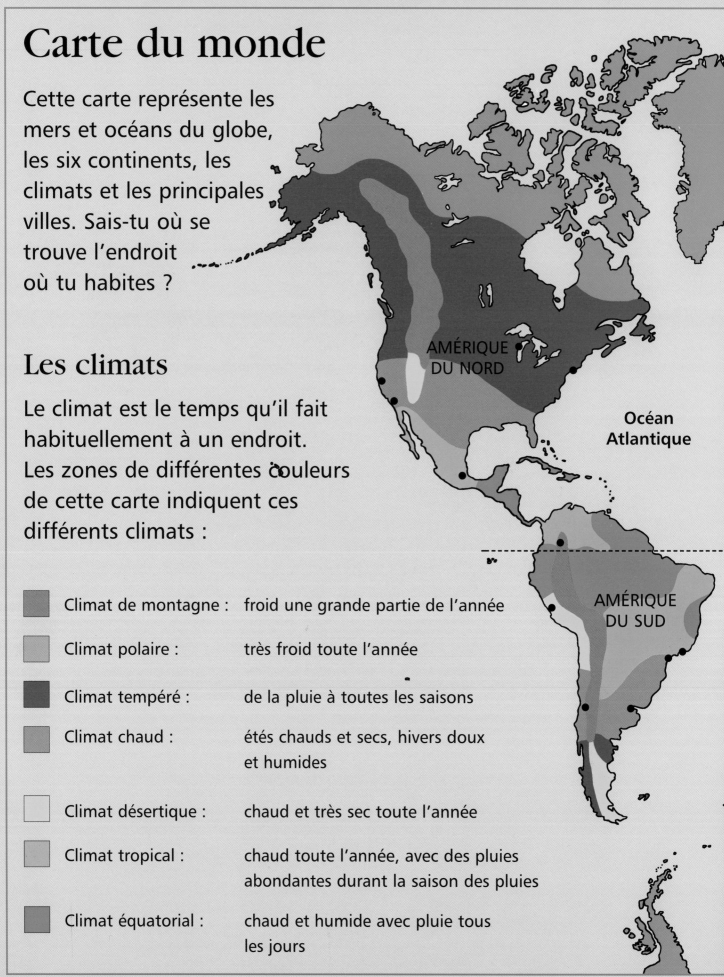

AMÉRIQUE DU NORD

Océan Atlantique

AMÉRIQUE DU SUD

	Climat de montagne :	froid une grande partie de l'année
	Climat polaire :	très froid toute l'année
	Climat tempéré :	de la pluie à toutes les saisons
	Climat chaud :	étés chauds et secs, hivers doux et humides
	Climat désertique :	chaud et très sec toute l'année
	Climat tropical :	chaud toute l'année, avec des pluies abondantes durant la saison des pluies
	Climat équatorial :	chaud et humide avec pluie tous les jours

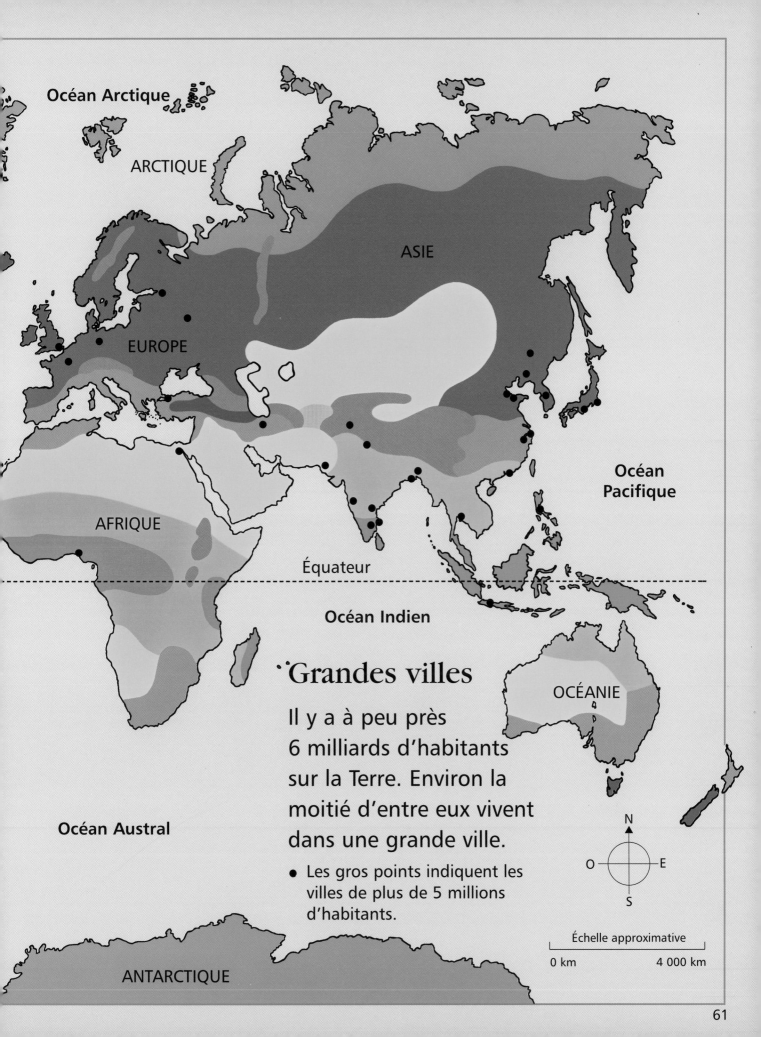

Océan Arctique

ARCTIQUE

ASIE

EUROPE

Océan
Pacifique

AFRIQUE

Équateur

Océan Indien

Grandes villes

Il y a à peu près
6 milliards d'habitants
sur la Terre. Environ la
moitié d'entre eux vivent
dans une grande ville.

OCÉANIE

Océan Austral

• Les gros points indiquent les
villes de plus de 5 millions
d'habitants.

N

O — E

S

Échelle approximative

0 km   4 000 km

ANTARCTIQUE

Index

L'éditeur tient à remercier les personnes et organismes qui ont permis la reproduction des documents suivants : p. 4 globe, Digital Vision ; p. 9 Saturn 5, NASA ; p. 10 Landsat, Digital Vision ; ouragan, Goddard Space Flight Center de la NASA ; ville, Digital Vision ; températures de la mer, CLRC, laboratoire Rutherford Appleton ; p. 11 navette, CORBIS ; p. 12 lever du soleil, Tony Stone Images/Tony Craddock ; coucher du soleil, Digital Vision ; p. 13 soleil derrière les nuages, Tony Stone Images/John Beatty ; p. 16 tournesols, Tony Stone Images/Tim Thompson ; vent, Tony Stone Images/Art Wolfe ; neige, Tony Stone Images/Donovan Reese ; p. 17 nuages (Met. Office), R.D. Whyman ; p. 18 tornade, Tony Stone Images/John Lund ; éclairs, Digital Vision ; ouragan, Will & Deni McIntyre/Science Photo Library ; p. 24 volcan, Geoscience Picture Library ; p. 27 cascade, Digital Vision ; p. 29, mousson indienne, Tony Stone Images/Martin Puddy ; rizière, Tony Stone Images/ Hugh Sitton ; p. 31 avalanche, Tony Stone Images/Michael Townsend ; avalanche renversant des arbres, Rex Features ; chien d'avalanche, Rex Features ; p. 34 Pacifique, Tom Van Sant, projet Geosphere/Planetary Visions/Sci Phot Lib ; jeune pêcheur, Julian Cotton Photo Library ; chalutier et filet, Tony Stone Images/Vince Streano ; paniers de pêche, Scottish Highland Photo Library/ J Macphearson ; p. 42 Afrique, Tom Van Sant, projet Geosphere/Planetary Visions/Sci Phot Lib ; p. 45 Prairie, Tony Stone Images/Paul Stover ; p. 46 Amérique du Sud, Tom Van Sant, projet Geosphere/Planetary Visions/Sci Phot Lib ; p. 51 crevasse, CORBIS ; p. 53 Venise, Tony Stone Images/David H Endersbee ; New York, Tony Stone Images//Tom Hill ; Jaipur, Tony Stone Images/Hilarie Kavanagh ; p. 54 conteneur pour bouteilles, Tony Stone Images/David Woodfall ; p. 55 éoliennes, Tony Stone Images/A & L Sinibaldi ; panneaux solaires, Tony Stone Images/Bruce Hands ; barrage, Tony Stone Images/ Chris McCooey ; p. 59 grizzlis, Tony Stone Images/Kathy Bushue.